Alles, nur nicht Pink!

Eine Geschichte von Ursel Scheffler
mit Bildern von Marion Elitez

Lesestufe 2

CARLSEN

Fußball und Klamotten

Seit dem letzten Herbst
sind Anna und Lucy in der 2a.
Genau wie Karla, Mia,
Anton, Ali, Pit und Olli.
Weil sie nah beieinander wohnen,
treffen sie sich immer auf dem Schulweg.

Früher sind sie immer alle gemeinsam gegangen.
Aber jetzt rennen die Jungen meist vorweg.
Sie tauschen Fußballbilder, reden über Autos oder über die Bundesliga.
Männersachen eben.
Die Mädchen laufen langsamer hinterher.
Sie haben sich eine Menge zu erzählen.

„Meine Tante Mara ist beim Fernsehen.
Die hat total coole Klamotten!“,
erzählt Lucy.
„Mein Onkel Max ist Bauchredner!“,
kichert Mia. „Der kann seinen Stoff-Raben
pupsen lassen.“
Das finden die anderen noch toller!

„Wartet einen Augenblick“, sagt Karla, als sie beim Kiosk vorbeikommen. „Ich hole mir einen Müsliriegel.“ Lucy blättert in einer Modezeitschrift. „Dafür wäre mir mein Taschengeld zu schade“, sagt Anna. „Komm, wir müssen weiter!“

In der großen Pause spielt Karla
mit den Jungen Fußball.
„Hast du gesehen, wie Karla
dem frechen Anton den Ball
abgeluchst hat?“, sagt Mia zu Anna.
„Toll!“

Und dann reden sie über die Jungs.
„Ich finde Olli am besten“, sagt Mia.
„Und ich Ali“, sagt Anna.
„Der muss immer die alten Klamotten
von seinem großen Bruder auftragen“,
sagt Lucy und rümpft die Nase.
„Darauf kommt es doch nicht an!“,
sagt Anna.
„Also, ich finde Klamotten schon wichtig“,
sagt Lucy. „Heute Nachmittag gehe ich
mit meiner Tante shoppen.“

Leserätsel

Was sind Klamotten?

T Kleine Tiere, die Löcher in Pullover fressen

S Lässige Bezeichnung für Kleider

P Geklaute Kleidungsstücke

„Ich gehe shoppen“ heißt:

E Ich trinke ein Fläschchen.

R Ich schlafe eine Runde.

C Ich kaufe ein.

Wen findet Anna am besten?

I Olli

H Ali

K Superman

Mias Onkel Max ist

O Seiltänzer.

R Bauchredner.

T Pupsweltmeister.

Lucys Tante Mara arbeitet

EI beim Fernsehen.

AU bei der Zeitung.

AI am Kiosk.

Die Buchstaben neben den richtigen Antworten ergeben ein Lösungswort:

Der letzte __ __ __ __ __ __

Ein Traum in Rosa?

„Wie siehst du denn aus!“, ruft Anna,
als Lucy am nächsten Tag
zum Treffpunkt an der Eisdiele kommt.
Lucy hat einen rosa Tüllrock und
rosa Leggings an.
Außerdem noch rosa Glitzerschuhe.
„Ich finde das schick“, sagt Lucy trotzig.
„Aber praktisch ist es nicht“, sagt Anna.

Aber Lucy läst sich von ihrem Modefimmel
nicht so schnell abbringen.
Schließlich will sie mal Model werden.
Oder zum Fernsehen, wie Tante Mara.
Dann werden alle gucken.
Auch die, die jetzt Karla bewundern
oder über Annas Witze lachen.

Jeden Tag fällt Lucy etwas Neues ein.
Sie lackiert sich die Fingernägel pink.
Sie klebt Tattoo-Bilder auf Arme
und Bauch und färbt sich rosa Strähnchen
ins Haar.

„Jetzt spinnt sie voll“, sagt Anna zu Mia.
Auch die Jungen lachen über Lucy.
„Die sieht aus wie die Barbie-Puppe
von meiner kleinen Schwester!“, sagt Pit.
„Aufgebrezelt wie eine Zirkusprinzessin“,
grinst Olli.
„Hast du auch ein rosa Tattoo am Po?“,
fragt Anton frech.

Lucy dreht sich um und kämpft
mit den Tränen.
Da tut sie Anna leid.
Schließlich war sie mal ihre Freundin.
Damals, als sie noch kein
Albtraum in Pink war.

Anna versucht mit Lucy zu reden.
Aber die ist störrisch.
Sie hat ihre rosa Glitzerwelt im Kopf
und sonst nichts.

Leserätsel

Was ist ein Tattoo?

N Ein Feuerwehrauto

M Eine Tätowierung

F Ein Tasteninstrument

Was sind Leggings?

A Kleine Legosteine

U Junge Pinguine

O Eng anliegende Hosen

Was haben diese drei Begriffe gemeinsam?

Schweinchen, Himbeereis, Heckenrosen

S Geruch

H Geschmack

D Farbe

Was ist ein Albtraum?

- N Ein rosa Traum
- E Ein böser Traum
- F Ein alberner Traum

Die Buchstaben neben den richtigen Antworten ergeben ein Lösungswort:

__ __ __ __

Löse das Kreuzworträtsel.

In den bunten Feldern ergibt sich ein Lösungswort: __ __ __ __ __ __

Lucy sieht rot

Da hat Anna eine Idee.
Die bespricht sie noch am gleichen Tag
mit den anderen.
„Wir beweisen Lucy,
dass es unter Freunden
nicht auf die Klamotten ankommt“,
sagt Anna.
„Aber wie?“, fragt Mia.

„Ganz einfach: indem wir uns alle gleich anziehen“, sagt Anna ernst.
Es dauert ein bisschen,
aber dann hat Anna alle überzeugt.
Auch die Jungen!
Karla spricht mit ihrem Trainer vom Sportverein.
Der besorgt ganz billig 23 rote T-Shirts.
Annas Onkel Max spendiert 23 Buttons mit dem Aufdruck *Klasse 2a.*

Als Lucy am Montagmorgen
in ihren neuen rosa Klamotten
ins Klassenzimmer kommt, sieht sie rot!
Alle Kinder in der Klasse haben
rote T-Shirts an!
Einen Augenblick lang bleibt Lucy
wie erstarrt stehen.
Sie kommt sich wie ein Fremdkörper vor.

Zuerst will Lucy wegrennen.
Doch dann begreift sie die Botschaft.
Sie dreht sich um und sagt:
„Okay. Ich hab verstanden.
Es kommt nicht auf die Klamotten an.
Habt ihr auch so ein rotes Teil für mich?“
„Haben wir“, sagt Anna und lächelt.
„Schließlich bist du eine von uns.“

Infoseite

Kleider machen Leute

Kleider machen Leute! So heißt ein altes Sprichwort. Klar, dass man immer ordentlich angezogen sein soll. Aber findet ihr nicht, dass Lucy übertreibt? Sie rennt jeder Modeverrücktheit nach und neigt leider dazu, auch andere nur nach ihrem Äußeren zu beurteilen.

Manche Kinder in der Klasse 2a können sich nicht so oft neue Sachen kaufen. Das macht sie traurig. Vielleicht auch neidisch.

Das ist sicher auch ein Grund, warum es in vielen Ländern Schuluniformen gibt.

Auch bei uns in Deutschland gibt es Schulen oder Klassen, die freiwillig Schulkleidung tragen.

Vielleicht habt ihr ja auch Lust, ein Schul-Logo oder ein Klassen-T-Shirt zu entwerfen?

Lösungen

S. 8/9:

Klamotten sind eine lässige Bezeichnung für Kleider.
„Ich gehe shoppen“ heißt: Ich kaufe ein.
Anna findet Ali am besten.
Mias Onkel Max ist Bauchredner.
Lucys Tante Mara arbeitet beim Fernsehen.
Lösungswort: Der letzte SCHREI

S. 16/17:

Ein Tattoo ist eine Tätowierung.
Leggings sind eng anliegende Hosen.
Schweinchen, Himbeereis und Heckenrosen haben die gleiche Farbe: Rosa.
Ein Albtraum ist ein böser Traum.
Lösungswort: MODE

M	Ü	T	Z	E		
K	L	E	I	D		
			R	O	C	K
J	A	C	K	E		
S	C	H	U	H	E	
B	L	U	S	E		

Lösungswort: ZIRKUS

Ich habe das ganze Buch gelesen!

1 2 3 4 16 15 14 13

ISBN: 978-3-551-06426-4 I Umschlagkonzeption: Karin Kröll
Illustration der Lesemaus: Hildegard Müller I Lesemaus-Redaktion: Anja Kunle
Druck und Bindung: AZ Druck und Datentechnik GmbH, Kempten
Printed in Germany

Alle Bücher im Internet: www.lesemaus.de
Newsletter mit tollen Lesetipps kostenlos per E-Mail: www.carlsen.de

FSC
www.fsc.org
MIX
Papier aus verantwortungsvollen Quellen
FSC® C008457